AF268308

DE DAVID

CINQ BRANCHES :

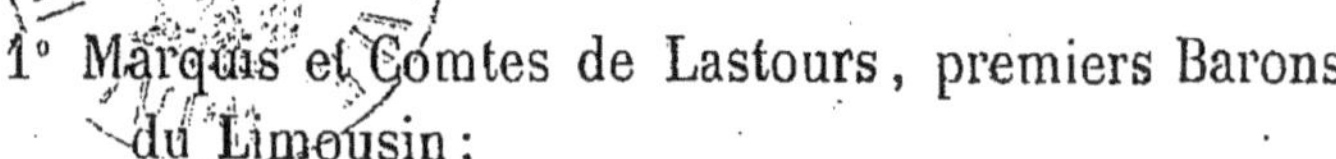

1° Marquis et Comtes de Lastours, premiers Barons du Limousin ;

2° Barons des Etangs ;

3° Seigneurs de La Vilate ;

4° Seigneurs de Lascaux ;

5° Seigneurs de Ventoulx *ou* Vanteaux.

(Extrait du *Nobiliaire du diocèse et de la généralité de Limoges* de Joseph Nadaud, édité et en partie complété par l'abbé J.-B. L. Roy de Pierrefitte, — T. II.)

1865

DAVID EN LIMOUSIN

SEIGNEURS

de Rochebrune, Ventoulx *ou* Vanteaux,
Droisy, Longueval, Mauzanes, Champvert, Lastours,
La Douze, Saint-Privat, Lenclave, Masdeloup, Laborie,
Rilhac, Bussière-Galand, des Etangs,
Montbeyssier, Raymondie, Mardaloux, Lascaux,
Beauregard, Chassevertal, Les Ages,
La Vilate, etc.,

CONNUS SOUS LES DÉNOMINATIONS DE

**Marquis et Comtes de Lastours ;
Barons des Etangs ; Seigneurs de La Vilate ;
Seigneurs de Lascaux
et Seigneurs de Vanteaux.**

ARMES :

D'or à trois coquilles de sinople posées 2 et 1.
— Supports : deux harpies. — Devise : *Impatiens pugnæ.* —
Couronne de marquis.

DAVID EN LIMOUSIN.

DAVID, Sr de Ventoux, paroisse de Solignac (1), de Lastours, paroisse de Rilhac-Lastours, etc., porte *d'or à 3 coquilles de saint Jacques de sinople.*

Filiation suivie.

I. — Noble Étienne David, de Solignac, S^r de..., paroisse de Saint-Paul, épousa Marguerite de Jounhac, fille de noble Fulco de Jounhac, damoiseau, Sgr d'Eyjeaux, et il en eut plusieurs enfants.

II. — Guinot de David, qui fit son testament le 3 février 1499, se disant fils d'Etienne, avoit épousé Jeanne de Bernard, dont il eut Hercule, qui suit.

III. — Hercule de David rendit hommage au roi de Navarre le 17 octobre 1541 et le 14 décembre 1554. Sa mort est marquée au 15 juillet dans le nécrologe du monastère de Solignac.

---

(1) Solignac, paroisse dans la commune du Vigen, canton sud de Limoges (Haute-Vienne). — Eyjeaux et St-Paul, paroisses, canton de Pierre-Buffière (Haute-Vienne).— Rilhac-Lastours, canton de Nexon (Haute-Vienne). — Le Bost-les-Monges, prieuré situé près du bourg d'Aureil, canton sud de Limoges. La chapelle du petit monastère sert aujourd'hui de grange. — Eymoutiers, canton (Haute-Vienne). — Mauzanes, prieuré dépendant de Cluny, situé jadis sur la paroisse de Chamberet (Corrèze). — Le Chalard, paroisse près Saint-Yrieix-la-Perche (Haute-Vienne). — La Porcherie, paroisse, canton de Saint-Germain-les-Belles (Haute-Vienne). — Dournazac, Pensol et Marval, paroisses dans le canton de Saint-Mathieu (Haute-Vienne).— Ladignac, paroisse, canton de Saint-Yrieix (Haute-Vienne). — Les Pousses, fief situé dans la paroisse de Nexon, qui est chef-lieu de canton (Haute-Vienne). — Saint-Junien, chef-lieu de canton (Haute-Vienne). — Les Allois, ancien monastère de femmes de l'ordre de Saint-Benoit, situé sur la paroisse de La Geneytouse, canton de Saint-Léonard (Haute-Vienne). — La Jonchère, paroisse, canton de Laurière (Haute-Vienne). — Bujaleuf, paroisse, canton d'Eymoutiers (Haute-Vienne). — R.-P.

IV. — Noble François David, Sr de Ventoux, paroisse de Solignac, épousa, par contrat du 30 août 1551, Gabrielle du Breuil, dont il eut : 1° Hercule, substitué à son frère; — 2° Jean-Carles, qui suit; — 3° Françoise, mariée, par contrat du 15 août 1593, à Guillaume Tesserot; — 4° Louise, dernière prieure du Bost-les-Moines ou Bost-Morbaud, prieuré dont elle fit unir le revenu à ceux de la maison des Jésuites de Limoges, et qui mourut en réputation de sainteté dans le monastère de Ligueux en Périgord. Au bas de son portrait, qui est dans la salle du collége de Limoges, on lit : *Venerabilis D. Ludovica de David, priorissa de Bosco, collegii Lemovic. Societatis Jesu benefactrix. Obiit die 10 aug. 1647, ætat. suæ 95*; — 5° Melchior, tonsuré en 1566, chanoine puis prévôt d'Aimoutiers, fit donation à son frère Jean-Carles le 14 septembre 1593; 6° Hercule, tonsuré en 1576, prieur de Mauzanes en 1580; 7° Josias, tonsuré en 1572, chanoine d'Aimoutiers en 1581.

V. — Noble Jean-Carles de David, Sr de Mauzanes et de Ventoux, paroisse du Vigen, épousa, par contrat sans filiation du 22 avril 1599, Claude Bonnet. Il fit son testament avec sa femme le 25 novembre 1624.

De ce mariage naquirent : 1° Melchior, qui suit; 2° François, tonsuré en 1618, puis prieur de Mauzanes par la résignation de Melchior, son oncle.

VI. — Melchior de David épousa, par contrat sans filiation du 28 avril 1637, Julie de La Vergne, dont il eut François, qui suit.

VII. — François de David, baron de Lastours, Sgr de Ventoux et de Champverd, épousa, par contrat du 13 mai 1654, Charlotte d'Abzac de La Douze, dont il eut : 1° Charles, qui suit; 2° Florent-François, qui a fait la branche de Lascoux; 3° Annet, né au château de Lastours, paroisse de Rilhac, le 1er août 1663.

VIII. — Charles de David, chevalier, Sgr de Lastours, épousa Marie Pichard de l'Eglise-aux-Bois, dont il eut : 1° Jean-Charles, qui suit; 2° Jean-François, archiprêtre de La Porcherie en 1719, prieur de Saint-Jean-de-Cole au diocèse de Périgueux, mort à Toulouse en 1752; [3° Jean, qui, d'après les registres de Rilhac-Lastours, avoit été capitaine dans le régiment de Paysac].

IX. — Jean-Charles de David [qualifié tantôt marquis, tantôt comte de Lastours], chevalier, marquis de La Douze, demeura à Bessous, paroisse du Chalard.

Il épousa Anne de La Tour de Saint-Privat, dont il eut : 1° Germain, qui suit; — 2° Madeleine, née le 20 février 1731; — Charles, né le 13 avril 1732; — 4° autre Charles, baptisé le 19 avril 1733; — 5° François; — 6° Catherine; — 7° autre François, né et baptisé le 13 avril 1734; il eut pour parrain et marraine son frère François et sa sœur Catherine, qui, étant en bas âge, ne purent signer; — 8° Charles-Benoît, né le 17, baptisé le 19 juin 1735; il eut pour parrain Charles-Benoît, Sgr de Ribeyreix, représenté par Germain de David, et pour marraine Ursule Bourgeois, dame de Venteaux; — 9° Marie, baptisée, dans l'église de Lastours, le 25 juin (née la veille) 1736, eut pour parrain Jean de David, son oncle, capitaine au régiment de Peysac, et pour marraine demoiselle Marie de David de La Vilate; — 10° Bernard, né le 27, baptisé le 30 juillet 1740; il eut pour parrain Bernard de David, Sgr des Renaudies, représenté par François de David, Sgr des Etangs, et pour marraine dame Thérèse de Taillefer, marquise d'Aubusson, représentée par Mlle Madeleine de David de La Bussière; — 11° Marie, née le 3 et baptisée le 5 juillet 1744, eut pour parrain et pour marraine Germain de David et demoiselle Marie de Châteauneuf; — 12° Françoise, baptisée, le 29 juin 1745, dans l'église paroissiale des Croix de Lastours. Elle eut pour parrain et marraine Charles de David, Sgr de Venteaux, et Marie-Françoise Berny, épouse de messire François de David, S^{gr} des Etangs; — 13° Charles-Henri, né le 27 février 17..., eut pour parrain et marraine Charles de Coussade, capitaine d'infanterie, représenté par Henri de David, chevalier de Lastours, et de Madeleine de David, représentée par demoiselle Catherine de David; — 14° François, né le 15 janvier, baptisé le 18 février 1788. Il eut pour parrain et marraine François de David de La Cour et demoiselle Catherine de David.

X. — Germain de David [né au château de Lastours le 29 décembre 1730, baptisé le 26, eut pour parrain Germain de David, capitaine au régiment de Toulouse infanterie, et pour marraine Anne de La Tour, dame de Fosse-Laudry. Le baptême fut fait par l'abbé de Lastours, prêtre commis, qui est sans doute Jean-François, archiprêtre de La Porcherie, désigné plus haut]. Il fut tonsuré, et plus tard qualifié de chevalier, marquis de La Douze et premier baron du Limousin.

Il épousa, en octobre 1760, Victoire-Marguerite-Jacquette Barthélemy de Gramont de Lanta, de la ville de Toulouse, paroisse de Saint-Etienne. Elle étoit fille de feu François-Barthélemy de Gramont, baron de Lanta et des états du Languedoc, et de Marie de Riquet.

Branche des seigneurs de Lascoux.

VIII *bis*. — Florent-François David, chevalier, Sr de Ventoux, fils d'autre François et de Charlotte d'Abzac de La Douze, épousa, dans l'église de Dournazac, le 13 juillet 1685, Renée du Bouschaud, fille de feu Jean, S^r des Roches, du village de Merdalou. D'eux naquirent : 1° Jean, qui suit; 2° Charles, né, sur la paroisse de Ladignac, le 29 avril 1686, et qui habita le bourg de Nexon; 3° Marie, mariée, en 1709, à Jean-Joseph de Loménie, écuyer, Sr de Montas.

IX. — Jean David, écuyer, Sr de Lavau, demeurant au Cluzeau, paroisse de Pensols, puis à Lascoux, paroisse de Maraval,

Epousa 1° Jeanne de Curtal, fille de Jean, Sr de Lascoux, de la susdite paroisse de Maraval. Elle mourut le 1er mars 1729, âgée de trente-sept ans, et laissant de Jean David : 1° Jean-François, né le 14 avril 1715; 2° Hélie, né le 12 juin 1717; 3° Renée, baptisée le 25 septembre 1718; 4° Marie, née le 10 août 1720; 5° Jacques, né le 11 octobre 1721; 6° Martial, né le 8 novembre 1722; 7° Charles, né le 2 février 1725; 8° Philibert, né le 26 juin 1726; 9° Charles, né le 6 juillet 1727; 10° Anne, née le 27 février 1729; 11° Joseph, mort en bas âge;

Epousa 2° Françoise Bordier, dont il eut : 12° François, né le 5 octobre 1732; 13° Nicolas, né le 25 février 1735; 14° Pierre, né le 8 juillet 1736; 15° Léonarde, née le 21 mars 1738.

Notes isolées.

Amélius David, de la ville de Saint-Junien, épousa Joyeuse Davina, qui étoit veuve de lui en 1286, et qui en avoit eu : 1° Pétronille; 2° Marguerite; 3° autre Pétronille, qui, en 1286, étoit femme d'Emeno.

Amélius David, de la ville de Saint-Junien, chevalier en 1318.

Amélius David, de la ville de Saint-Junien, que l'on trouve en 1332, et qui fut créé chevalier en 1363, portoit pour armes 3 *coquilles*. Il épousa Hélis Malbernarde, sœur de Renaud, évêque d'Autun, dont il eut : 1° Pierre, damoiseau, qui demeuroit à Saint-Junien en 1341; 2° Gaufridus, qui fut évêque d'Autun.

Noble Pierre David de Solignac, dont la mort est marquée au 12 octobre dans le nécrologe du monastère de Solignac. Il épousa...., dont il eut Agnès, qui, en 1408, se fit religieuse aux Allois.

Noble Louis David, Sr de Vaux près La Jonchère, épousa noble Jeanne Dauvergne, qui se remaria à noble Jean de Beaudéduit. Elle étoit morte en 1538, ayant eu de Louis David un fils nommé Guillaume.

Joseph de David, écuyer, procureur du roi en la grande prévôté de Limoges, habitant la paroisse de Saint-Pierre, épousa, dans l'église de Saint-Michel-de-Pistorie de la même ville, le 19 septembre 1694, Louise Huguet, veuve de Henri de La Rigoudie, Sgr de Bujaleuf, habitant la ville de Saint-Léonard. Elle fut inhumée dans l'église des frères prêcheurs de Limoges le 21 août 1722.

Charles de David, écuyer, Sr de Merdaloux, paroisse de Dournazac, Sr de Ventaux et des Etangs, paroisse de Nexon, épousa, le 22 juillet 1726, Ursule Bourgeois, fille de Jean, Sr de Joffrenie, chevalier, et de Barbe de Salignac. Ursule avoit épousé en premières noces, le 3 août 1716, Martial Deschamps, S^r de La Faurie, de la ville de Chalus. Elle eut de Charles de David Marguerite, mariée, dans l'église de Dournazac, le 11 janvier 1762, à Jean de Senzillon, garde du corps du roi, fille d'autre Jean et de Louise-Françoise Tenant de La Tour.

Bernard de David, écuyer, S^r des Renaudies et des Pousses [directeur de la monnoie de Limoges], acheta, le 17 mai 1727, le fief des Pousses, qui relève de Lastours.

Il épousa Madeleine de David de Lastours, dont il eut : 1°...., qui suit ; 2°..., prêtre, abbé commendataire de Saint-Savin au diocèse de Poitiers, vicaire général et grand-archidiacre de Meaux ; 3°...., prêtre, prévôt de...., vicaire général de Saint-Papoul ou de Pamiers ; 4°...., dit M. de Saint-Maurice ; 5°..., dit M. de Saint-Hilaire ; 6°...., mariée avec de Berny, écuyer, Sr de Puychevalier, mort sans enfants en 17... : elle est vivante en 1797 ; 7°......, mariée avec ...... de Laval, mort sans enfants en 17.....

-....., de David dit le baron ou le comte des Renaudies, Sgr des Pousses, Saint-Hilaire-Lastours, Virolle, etc., lieutenant des maréchaux de France au gouvernement de la Marche, etc., un des trois commissaires du roi pour la nouvelle division du département de la Haute-Vienne établis à Limoges en 1790. Il épousa, en 17..., Madeleine Limousin de Neuvic, fille de...... et de ...... Blondeau de Laurière, dont il eut : 1° Renaud, lieutenant au régiment de Condé cavalerie ; 2° Rolland ; 3° .....].

Henri-Charles ..... de Lastours épousa, en 1765, Marie-Louise-Jeanne de Mons, de la ville d'Angoulême.

La famille de David avoit fait preuve de noblesse en 1598.

Sources : Nécrologe manuscrit du monastère de Solignac. — Collin, *Vie des Saints du Limousin*, p. 114. — Registres de l'église du Chalard. — Registre de Rilhac-Lastours.

EXTRAIT

du Supplément à la lettre D *du Nobiliaire du Limousin.*

DAVID (p. 5). — Avant de donner *in extenso* la généalogie des David de Lastours et des Etangs (1) à peu près telle qu'elle fut dressée par Cherin et d'Hozier lorsque, en 1789, les représentants de ces deux branches firent leurs preuves de cour, un mot sur les notes de Nadaud, dont la lecture alors pourra être négligée.

1°, p. 6, n° IV, pour le mariage de François, fils d'Hercule, avec Gabrielle du Breuil, dite aussi de Fraisseys, *lisez :* « 1554 » et non « 1551 ». Cette date, couverte d'encre dans le texte copié par Nadaud, est reproduite dans divers actes ultérieurs.

2°, p. 7, n° VII, le texte des titres produits devant d'Aguesseau, et reproduit par Nadaud, donne en effet pour le mariage de François de David avec Charlotte d'Abzac la date du 13 mai 1654; mais d'Hozier a écrit sur l'original en marge : « *Erreur :* ce contrat de mariage est du 9 février 1660, et cette date 13 mai 1654 est celle d'un partage qui est énoncé ». (D'Hozier de Sérigny.)

3°, p. 7, avant-dernière ligne du n° X, effacez le trait qui unit François et Barthélemy, ce dernier nom étant nom de famille; à la ligne suivante, dernière du n° X, *lisez :* « Marie de Niquet », et non « Riquet ».

4°, p. 7, 4° ligne du n° VIII *bis*, au lieu de « Merdalou », *lisez :* « Mardaloux », nom d'un village situé dans la paroisse de Saint-Martin-le-Vieux, canton d'Aixe (Haute-Vienne). A la page 8, ligne 12, il faut donc lire : « Sr de Mardaloux, *habitant* la paroisse de Dournazac ».

Cette maison compte au nombre de ses alliances celle de la maison de Courtenay, issue de Pierre de France, septième fils de Louis le Gros, roi de France.

Son nom est connu depuis Bernard de David, dont les armes se voient à Versailles dans la troisième salle des Croisades, et qui, le 11 juin 1250, contracta, à Saint-Jean-d'Acre, au nom de quatre chevaliers et quatre damoiseaux, sous la garantie d'Alphonse, comte de Poitiers et de Toulouse, frère de saint Louis, un emprunt de trois cents livres tournois, et en scella de son sceau une reconnaissance en faveur de Léonard Bucanigra, marchand génois. Voici cet acte : le titre original est en la possession de M. le comte Ferdinand de Lasteyrie, dont l'un des ancêtres est du nombre des chevaliers contractants :

« Universis presentes litteras inspecturis notum sit quod nos Bernardus Davidis, Ermandus de Lartige, Johannes de Monteniaco, Petrus de Lastayria, milites,

(1) La baronnie des Etangs est située sur la paroisse de Ladignac, canton de St-Yrieix (Hte-Vienne). — Raymondie, fief situé près Nexon (Hte-Vienne). — Chanteloube, paroisse de Razès, canton de Bessines (Hte-Vienne). — Champvert, paroisse de La Porcherie, canton de Saint-Germain (Hte-Vienne). — Monbeyssier, paroisse de La Meyze, canton de Nexon (Hte-Vienne). — R.-P.

Deodatus de Pradis, Petrus Maluspili, Vitalis de Garda et Matheus de La Cassoinne, domicelli, habuimus et recepimus a Leonardo Bucanigra, mercatore Jannensi, actore pro sociis, quantitatem trecentarum librarum Turonensium legalium et bonarum nobis per dictum Leonardum, sub securitate et garrandia illustris domini Alfonsi, comitis Pictavensis et Tholosani, mutuo traditarum ad condiciones quasdam in nostris litteris obligationis expressas.

» Et ego supra nominatus Bernardus Davidis pro me et nomine procuratorio dictorum militum et domicellorum de dictis trecentis libris me bene pagatum coram dicto Leonardo confiteor. In cujus rei testimonium presentes litteras sigillavi sigillo meo.

» Actum Acron, anno Domini millesimo ducentesimo quinquagesimo, undecima die mensis junii. »

Pierre de David donna, le VIII des calendes de mai 1277, l'investiture d'une maison située dans la ville de Saint-Junien à Pierre Maleu, chanoine de Limoges : original scellé d'un sceau portant un écusson chargé d'une coquille, et en exergue les mots : *Petrus Davidis, domicellus*.

I. — Amélius David, Sr de Saint-Junien : acte dans lequel Joyeuse Davina est mentionnée comme relicte d'Amélius David, damoiseau de Saint-Junien, et mère tutrice de noble Amélius David, Pétronille, Marguerite et autre Pétronille, femme d'Emens. Cet acte est de 1286.

Guillaume de David, damoiseau de Saint-Junien, est nommé avec Raymond de Salanhaco, chanoine et bailli de Saint-Junien, dans un acte de 1294.

Guittard et Guillaume de David, damoiseaux, sont aussi nommés dans un autre acte de la même année 1294.

II. — Amélius David, IIe du nom, n'étant encore que damoiseau, scella un acte de 1296 de son sceau, représentant *une fasce chargée de trois coquilles, accompagnée de deux lions léopardés*. Ces divers actes se trouvent à la Bibliothèque impériale dans les deux manuscrits du fonds Gaignères connus sous la désignation de *titres de Saint-Junien*, et sont mentionnés dans une note manuscrite de l'abbé Le Laboureur et dans les *Archives généalogiques* de M. Lainé : T. VIII, *Nobiliaire du Limousin*, page 19 et avant-propos.

Il assista, en 1304, comme témoin, au contrat de mariage de Lore, nièce d'autre Lore, vicomtesse de Turenne, dame de Chabanais, avec Simon de Rochechouart, et il y est désigné en ces termes : « Noble homme messire Amélius David, chevalier ».

Noble homme Aimery, vicomte de Rochechouart, chevalier, ratifia, en 1305, la vente que messire Simon de Rochechouart, chevalier, S^{gr} de Saint-Laurent, et messire Amélius David, chevalier, ses procureurs fondés, avaient faite à Geoffroi de Prunch, écuyer du roi, d'une rente de cent livres sur le trésor royal.

En 1305 et 1307, il assista, comme témoin, à un testament et à une donation de noble dame Galmaise de Pons.

Le 1er avril 1315, il reçut de Simon de Rochechouart la donation de dix livres de rente sur le Mas-de-Breuilh et autres lieux, à la charge de le tenir de lui en fief. Ces cinq derniers actes font partie des archives de la vicomté de Rochechouart.

Vers la fin du XIIIe siècle, il servait à La Rochelle en qualité d'écuyer (*armiger*) sous les ordres de Simon de Rochechouart, ainsi que cela résulte d'une pièce de comptabilité sur parchemin déposée aux archives du département de la Haute-Vienne.

Amélius David est encore désigné comme chevalier dans trois actes de l'année

1318, dont deux font partie du titre de Saint-Junien sus-mentionnés, et par le troisième, scellé de quatre sceaux, dont celui du chantre de la cathédrale de Limoges est seul intact; il donna, comme chevalier seigneur féodal, l'investiture d'une maison à Guillaume Seguin, chanoine de Saint-Junien. Il ne vivait plus en 1330, époque à laquelle noble dame Aelys ou Hélys de Maubernard est désignée dans un acte des titres de Saint-Junien comme relicte de messire Amélius David, chevalier.

Leurs enfants furent :

1° Pierre de David, qui suit.

2° Geoffroy de David, Sgr de Rochebrune, d'abord chanoine de Saint-Junien, nommé dans une reconnaissance consentie le 14 mars 1341 par Pierre de David, son frère. Il succéda, en 1361, à Réginald de Maubernard, son oncle maternel, évêque d'Autun, gouverna l'Eglise de-Lyon en 1365 après la mort de l'archevêque Guillaume de Turëyo, fut nommé conseiller du roi Charles V, et reçut, en récompense des services rendus par lui et les siens, la donation des terres de Monbart et Bridier, confisquées sur Henry Haye, chevalier d'Angleterre, et ce par lettres-patentes de ce prince en date du mois de décembre 1369, conservées aux archives de l'Etat, registre C du trésor des chartes, sous le n° 386. Il fit, le 9 décembre 1377, son testament, dans lequel il rappelle son père Amélius David, et institue ses légataires Pierre et Jean, ses frères ; ce dernier père d'Amélius et Melhat de David, ses neveux, ainsi que Geoffroi, Jean et Réginald Paute ou Pauteix, également ses neveux. Il mourut le jour de la fête de saint Laurent 1377.

3° Guillaume de David, chevalier, de la compagnie de cinquante hommes d'armes et dix-neuf écuyers, duquel la revue et montre fut faite à Saumur le 10 juin 1375. Il avait, le 12 mai 1341, donné quittance de quarante-six livres tournois pour ses gages et ceux des écuyers de sa chambre pour services rendus dans les guerres de Gascogne sous le gouvernement de Louis de Sancerre, maréchal de France.

4° Jean de David, légataire de l'évêque d'Autun et de son frère Pierre pour une somme de cent sous de rente, qui, de Raymonde de Favard, veuve en premières noces d'Etienne de Blanchefort, eut pour fils Amélius de David, damoiseau, qui, le 12 juin 1353, fit un accord avec Bertrand et Gérauld de Favars, chevaliers, ses oncles, au sujet de la dot de sa mère, et scella un acte de 1376 de son sceau, chargé de trois coquilles, et Melhot de David, tous les deux également légataires de l'évêque d'Autun.

5° ..... de David, marié à ..... Paute ou Pauteix, mère de Geoffroi, Jean et Réginald Pauteix, légataires de leur oncle l'évêque d'Autun.

III. — Pierre de David Iᵉʳ du nom, damoiseau, s'obligea, le 15 mai 1341, envers le chapitre de Saint-Junien, au paiement d'un setier de seigle de rente annuelle et perpétuelle légué à ce chapitre par Hélys de Maubernard, sa mère, et fut institué, par testament du 24 février 1364, héritier universel de vénérable et discret homme maître Jean Moard, clerc et licencié ès-lois de Solignac ; il est qualifié de damoiseau dans cet acte, ainsi que, l'an 1368, dans l'acte d'acquisition qu'il fit, conjointement avec son frère noble Jean de David, de dix setiers de seigle assignés sur les villages du Chérou et de Lascaux, de Guillaume de Teutet, damoiseau. Il fit son testament le samedi avant la fête de saint Simon et saint Jude 1371, dans lequel il rappelle son père, ses quatre enfants, son frère Jean et sa femme damoiselle Agnés de Laage, fille de Guillaume da Laage, damoiseau, à laquelle il lègue une rente perpétuelle de cent sous, outre la constitution qu'il avait reçue pour elle de deux cents florins d'or, l'administration et l'usufruit de ses biens.

Leurs enfants furent :

1° Pierre de David, qui suit ;

2° Jean de David, qui d'Isabelle de Corbiers eut Guy de David, dont la destinée est inconnue ;

3° Et 4° Pétronille et Jeanne de David, légataires de leur père, dont le sort est ignoré ;

5° Bertrand de David, écuyer de la compagnie de messire de L'Isle-Adam, et chevalier banneret dans la montre et revue faite en armes en 1400, rappelé dans le testament de Pierre de David, son frère.

IV. — Noble homme Pierre de David, II° du nom, damoiseau, fut institué héritier universel de son père. Il fut présent à l'hommage rendu, le 7 août 1406, par noble homme Jean de Coderc, damoiseau, à Gilbert Aubert, fils et fondé de pouvoirs de messire Etienne Aubert, S^{gr} de Murat. Il est aussi qualifié de damoiseau dans l'acte d'emprunt fait par Jean de Lur, le 13 avril 1398, à un marchand de Limoges, de deux écus d'or et deux tasses d'argent pesant un marc, et transigea, le 1er septembre 1445, avec les habitants de la paroisse de Saint-Paul, sur la demande qu'il leur avait faite de la taille aux quatre cas, ainsi qu'aux habitants du mas de Trantaleu, nommément d'une taille de dix livres qu'il leur avait imposée dans deux de ces cas, savoir : pour sa rançon de prisonnier et pour une de ses filles, nommée Agnète, qu'il avait faite religieuse au monastère des Allois. Par cette transaction, les habitants se reconnurent hommes-liges de lui et les siens, et s'obligèrent de lui payer, dans chacun des quatre cas, c'est-à-dire création de chevalier, passage de mer, mariage de fille et rançon de prisonnier, vingt livres et huit setiers de seigle, quatorze éminaux d'avoine mesure de Limoges, deux sous de présent et quatre gélines de rente annuelle et perpétuelle. Il fit un retrait lignager le 28 avril 1424, en qualité de fondé de procuration de Marguerite Audière, sa femme, d'une maison située à Solignac, acquise d'Isabelle de Corbiers, relicte et héritière de Jean de David, mère de feu Guy de David et tante de ladite Marguerite Audière; accensa le 25 juillet 1430 un hospice à Solignac, et souscrivit, avec les qualifications de noble homme et damoiseau, le 13 janvier 1438, au contrat de mariage de noble Pierre Germain le jeune, damoiseau de la ville de Solignac, avec demoiselle Marie, fille de feu noble Gérald de La Roche, damoiseau de Saint-Paul, et de noble Dulcie de Lastours. Il fit un accensement le 25 juillet 1441, et, le 12 octobre même année, son testament, par lequel il institue son héritier universel son fils aîné Henri de David, et lui substitue son second fils Pierre de David; à celui-ci, son autre fils Etienne de David, et, à défaut de son fils Etienne, son neveu Foucauld de David et sa sœur, enfants de Bertrand de David, son frère, et, en dernier lieu, demoiselle Marguerite Audière, sa femme. Il fonda un anniversaire au monastère de Solignac, et lui légua deux setiers de blé de rente perpétuelle, et sa mort est marquée à ce même jour dans le nécrologe de ladite abbaye. Il ne vivait plus le 9 novembre 1447, qu'il est rappelé dans la donation faite par Henri, son fils aîné, à Pierre et Etienne de David, ses frères.

Il eut de son mariage avec Marguerite Audière :

1° Noble homme Henri de David, écuyer, S^{gr} de Droisy, Longueval et Ghisen en Frise, qui fit hommage, à Saint-Quentin, le 23 septembre 1427, à Mathieu, S^{gr} de Muret, de la seigneurie de Droisy, et fut compris au nombre des écuyers de la compagnie de Guillaume Le Bouteiller, chevalier-bachelier, à la montre et revue faite en armes en la ville de Saint–Geniès le 18 juin 1441. Parmi les autres chevaliers et écuyers, se trouvaient Guichard de Rochechouart, Pierre de Lambertie, Jean de Brie, Louis de Pierre–Buffière, Jean de Farges, Emeric et Audoin de Pérusse, Jean et Pierre de Maulmont, Louis Authier, Jean de Bort, Pierre Vigier et autres.

Il fit donation, à Soissons, le 9 novembre 1447, à nobles hommes Pierre et Etienne David, ses frères, de tous ses droits sur les successions de feu Pierre David, son père, en son vivant demeurant à Solignac, et de feue damoiselle Audière, sa mère. Il est rappelé dans un bail à cens fait le 4 octobre 1458 par Mgr Jean de Courtenay, chevalier, Sgr de Saint-Brisson, et Mme Marguerite David, sa femme.

Il avait eu de son mariage avec Jeanne de Lizac, dame de Droisy, Marguerite de David, qui épousa en premières noces, en 1436, Etienne de Vignolles surnommé La Hire, Sgr de Montmorillon, écuyer d'écurie du roi, et, en secondes noces, le 27 juillet 1445, Jean de Courtenay IVᵉ du nom, chevalier, Sgr de Champinelle et de Saint–Brisson, issu au huitième degré de Pierre de France, Sgr de Courtenay, septième fils de Louis le Gros, roi de France.

2° Noble homme Pierre de David, écuyer, dont la destinée est inconnue.

3° Etienne de David, qui continue la postérité.

4° Agnès de David, religieuse aux Allois, y fonda un anniversaire en présence de dame Marie Audoin, abbesse, et de noble Jean Germain, sergent du roi, le 10 février 1408.

V. — Noble homme Etienne de David, damoiseau, Sgr de Ventoulx (Vantaux), capitaine de Chalusset et de cent hommes d'armes, époux de Marguerite de Jourgnac, fut substitué à Henri et Pierre de David, ses frères, par testament de son père du 12 octobre 1441. Il est le premier de la filiation suivie donnée par Nadaud d'après les preuves de noblesse qui furent fournies en 1666.

Pour les dix générations inscrites par Nadaud et les deux premiers de la branche des seigneurs de Lascoux, quoique je puisse fournir de nombreux détails, j'ajouterai ou je rectifierai simplement les noms des femmes, et j'indiquerai les noms des enfants :

VI (n° II de Nadaud). — Noble homme Guinot ou Gonyn de David épousa Jeanne, fille de noble Jacques de Bernard, Sgr de Vieilheville, et de Souveraine de Comborn, dont vinrent : 1° Hercule, qui suit ; 2° Pierre ; 3° Booz ou Boson ; 4° Catherine ; 5° Marguerite.

VII (n° III de Nadaud). — Hercule de David, damoiseau, Sgr de Ventoulx, de Longueval et du Pin, épousa Souveraine de Coustin.

VIII (IV de Nadaud). — François de David, chevalier, épousa Gabrielle Dubreuil, nommée ailleurs du Fraysseix, fille de feu Jacques du Fraysseix, écuyer, Sgr de Salon, du Fraysseix et du Pin. Il testa le 29 décembre 1583, voulant être enterré dans le tombeau de ses ancêtres dans l'église de Solignac. Le 8 juillet 1585, sa veuve achetait au roi de Navarre la justice haute, moyenne et basse et autres droits seigneuriaux sur les villages de Champvert et Las Varcillas.

IX (V). — Jean-Charles de David, écuyer, Sgr de Mauzannes, Ventoulx, Champvert, Couderc, etc., premier capitaine au régiment de Pierre-Buffière, épousa Claude Bonnet de La Porte, fille d'Annet, écuyer, et de Marguerite Desplas. Le 9 mars 1599, il fit ses preuves de noblesse par-devant Martial Benoît, Sgr de Compreignac, délégué à cet effet, et il obtint un jugement de maintenue. Le 4 novembre 1615, il fut honoré d'une lettre du roi qui lui demandait la continuation de ses services.

X (VI). — Melchior de David, chevalier, Sgr de Ventoulx, etc., né le 10 février

1607, successivement enseigne-colonelle du régiment de Picardie (25 décembre
1631), capitaine au régiment de Normandie (12 novembre 1633), aide de camp des
armées du roi (28 avril 1637), capitaine d'une compagnie de chevau-légers de cent
maîtres (25 octobre 1637), mestre-de-camp d'un régiment de douze enseignes de
cent hommes chacune (20 janvier 1640). Etant gouverneur du Cateau-Cambrésis,
il reçut une lettre du roi le 27 février de la même année 1640. Ayant eu la cuisse
cassée par un boulet en défendant cette place contre les Anglais, il mourut le
15 septembre 1640 à Landrecies. Il avait épousé Julie Bony de Lavergne, fille de
feu Jean, chevalier, et de Jeanne de Salagnac, dame de Saint-Priest-Ligoure,
Lenclos, Ladignac, Saint-Nicolas, etc.

XI (VII). — François II de David, chevalier, seigneur-baron de Ventaux, né
posthume en 1641, et auquel passa la terre de Lastours à l'occasion de son
mariage (9 février 1660) avec Charlotte d'Abzac, fille de Charles d'Abzac, marquis
de La Douze, Lastours, Vergt, etc. Il fut maintenu dans sa noblesse par jugement
du 7 février 1667 sous d'Aguesseau, intendant de Limoges.

XII (VIII). — Charles de David, qui commanda en 1697 le ban et l'arrière-ban
de la province du Haut et Bas-Limousin, épousa, par contrat du 6 avril 1686,
Marie de Pichard, fille de François, chevalier, comte de Villemonteix, et de Catherine Esmoingt.

XIII (IX). — Jean-Charles de David, premier baron du Limousin, nommé le
27 mars 1757 capitaine des grenadiers royaux du bataillon d'Angoulême, et chevalier de Saint-Louis le 17 octobre 1763, avait épousé en premières noces Marie-
Anne de La Tour-Saint-Privat, dont il n'eut point d'enfants, et épousa en
secondes noces, le 11 juin 1725, Anne de La Tour, cousine germaine de sa
première femme, et fille de Guillaume, chevalier, Sgr de Lenclave, et de Marie de
Lenclave, dame de Saint-Privat.

XIV (X). — Germain de David, chevalier, haut et puissant seigneur, comte de
Lastours, marquis de La Douze, premier baron du Limousin, ayant perdu, le
5 juin 1763, sa première femme, dont il n'avait point eu d'enfants, épousa en
secondes noces, le 7 février 1764, Jeanne-Marie-Appollonie de Saint-Félix, fille de
feu Bernard de Saint-Félix, baron du Varennes et de Pecth, et de dame Claude-
Marguerite de Gavarret.

De ce second mariage il eut :

1° Joseph-François de David, qui suit ;

2° Claude-Marguerite de David, mariée à....., vicomte de Royères ;

3° Anne-Catherine-Charlotte de David ;

4° Victoire de David, morte jeune ;

5° Aimée de David, morte jeune.

XV. — François de David, comte de Lastours, épousa, le...., Léonarde-Henriette-
Auvray de Saint-Remy.

De ce mariage sont issus :

1° Etienne-Henri de David, comte de Lastours, qui de son mariage avec
Esther-Sincère de Jaubert de Saint-Gelcy n'eut point d'enfants ;

2° Claude-Hippolyte de David, qui suit ;

3° Marie-Aimée de David ;

4° Marie-Louise de David.

XVI. — Claude-Hippolyte de David, comte de Lastours, épousa, le....., Made-
leine-Hélène de Bord de La Morinie, fille de messire Aubin de Bord de La Morinie
et de Marguerite Pastoureau-Labesse.

De ce mariage sont nés :

1° Louis-Joseph de David ;

2° Pierre-Augustin-Gabriel-Henri de David.

XIV *bis*. — Charles de David, chevalier, comte de Lastours, maréchal des logis des gardes du corps du roi, né le 13 avril 1732, baptisé le même jour dans l'église paroissiale du Châlard, a épousé, par contrat de mariage du 26 avril 1756, Marie Chauveau de Balême, fille de messire Ignace Chauveau de Rochefort, écuyer, Sgr de Balême en Bas-Limousin, et de Jeanne de Gains.

De ce mariage sont issus :

1° Jean-Baptiste de David, qui suit ;

2° Louis-Michel de David, mort jeune après sa sortie des pages du roi de la grande-écurie ;

3° Marie-Anne-Madeleine de David, mariée à messire Pierre de Hugon du Prat, chevalier, Sgr de La Bournerie et autres places.

4°.....

XV. — Jean-Baptiste de David, comte de Lastours, chevalier, Sgr de Balême, né le 22 octobre 1768, et baptisé le lendemain dans l'église paroissiale d'Affieux, a fait le service de premier page du roi Louis XVI de la grande-écurie, et successivement capitaine de cavalerie, chef d'escadrons, colonel et maréchal de camp, chevalier de Saint-Louis, officier de la Légion-d'Honneur, a été nommé, par brevet de S. A. R. Madame duchesse d'Angoulême du 31 décembre 1814, son écuyer commandant, et a été autorisé par elle, à Londres, le 28 juin 1815, à traiter pour le bien du service du roi avec le lieutenant général Clausel et avec toutes les autorités civiles et militaires du département de la Gironde pour la reddition de la ville de Bordeaux ; en outre, à former, lever et organiser, pour le service du roi, des corps de cavalerie et d'infanterie, et à en nommer provisoirement les officiers. En conséquence, il organisa un régiment de chasseurs à cheval sous le nom de Marie-Thérèse, dont Sa Majesté le nomma colonel sous le nom de chasseurs à cheval de la Dordogne (9e régiment). Il a épousé, par contrat de mariage du 12 mai 1819, qui fut honoré des signatures du roi et de Leurs Altesses Royales Monsieur frère du roi, le duc d'Angoulême, la duchesse d'Angoulême, le duc et la duchesse de Berry, Marie-Joséphine du Pille, fille de messire André-Jacques-Louis du Pille, chevalier, seigneur-baron de La Bosse, Sgr de L'Aillerie et autres lieux, et de Marie-Charlotte de Fontette.

De ce mariage sont issus :

1° Louis-Charles de David, qui eut pour parrain Sa Majesté Louis XVIII et pour marraine S. A. R. Madame duchesse d'Angoulême, depuis Dauphine, décédé le 5 juin 1846 ;

2° Marie-Charlotte-Louise-Blanche de David, mariée, le....., à....., marquis de Guiry.

Branche des barons des Etangs, dite par Nadaud branche des seigneurs de Lascoux. (V. p. 9.)

XII *bis*. — Florent, *alias* François de David, chevalier, Sgr de Vantaux, deuxième fils de François de David, chevalier, Sgr de Vantaux, marquis de Lastours, et de Charlotte d'Abzac, ci-devant rapportés, fut légataire d'une somme de 8,000 livres, et substitué à Charles de David, son frère aîné, par le testament de leur père du 5 mars 1672, retenu par Filocque et Dupuy, notaires à Paris. Il épousa, par contrat de mariage du 22 juin 1685, Renée du Bouschaud, demoiselle de Beauregard, fille de Jean du Bouschaud, écuyer, Sgr des Roches et des Etangs, et de Marie d'Abzac, et est nommé avec elle dans l'extrait baptistaire de Charles de David, leur fils, du 16 mai 1686; fit une protestation, le 29 novembre 1687, au sujet de la saisie de la terre noble des Etangs, faite sur Hélie de Chouly, Sr du Repaire de Béchadie; transigea, le 21 juillet 1688, au sujet d'un procès pendant en cour de parlement de Guienne entre Renée du Bouschaud, sa belle-sœur, et autre Renée du Bouschaud, veuve d'Hélie de Chouly; passa une procuration à sa femme le 18 juin 1691, étant à Saint-Junien pour le service du roi; fit son testament le 14 avril 1692, et ne vivait plus le 31 janvier 1712, qu'il est rappelé dans le contrat de mariage de Charles de David, son fils aîné, auquel sa veuve assista.

Ses enfants furent :

1° Charles de David, qui suit :

2° Jean-Joseph de David, légataire particulier de son père, *auteur du rameau de Lascaux*.

3° Marie-Aimée de David, aussi légataire de son père, et qui épousa : 1°, en 1709, Jean-Joseph de Loménie, Sgr de Monteau; 2° Emmanuel de Châteauneuf, et 3° messire Jean de La Marthonie, chevalier, Sgr de Caussade.

XIII. — Charles de David, chevalier, seigneur et baron des Etangs, Sgr de Vantaux, Montbessier, Masdeloup et autres places, naquit le 29 avril 1686, et fut baptisé, le 16 mai suivant, dans l'église paroissiale de Saint-Aignan de Ladignac au diocèse de Limoges, et fut légataire particulier de son père pour une somme de 3,000 livres, et institué son héritier universel après le décès de sa mère. Il épousa, par contrat de mariage du 31 janvier 1712, Marie Hébrard, fille de François Hébrard, Sgr de Leycuras, et de Marguerite de Tranchant, et est nommé avec elle dans l'extrait baptistaire de François de David, leur fils aîné, du 8 mars 1715.

Il passa, conjointement avec son frère Jean de David, Sgr de Lavaud, et se portant fort pour Marie-Aimée de David, veuve de messire de Loménie, les 3 et 22 juillet 1713, un accord sous seing privé par lequel messire Charles de David, seigneur et marquis de Lastours, et Jean-Charles de David, comte de Lastours, se reconnaissent débiteurs d'une somme de 12,000 livres, à compte de laquelle ils font cession et vente pour la somme de 10,400 livres de la terre et seigneurie de Montbeysier. Ledit accord est signé des parties et de messires Puyfaucon de Bazin, de Lespinasse, de Pras, conseiller doyen au présidial de Tulle, de La Seylive et Vigenaud, curé de Rilhac-Lastours.

Charles de David contracta une seconde alliance avec demoiselle Ursule Bourgeois, fille de Jean Bourgeois, Sgr de Joffrenie, et de Barbe de Salignac. Ils reçurent la bénédiction nuptiale, le 22 juillet 1726, dans l'église de St-Michel-de-Pistorie de la ville de Limoges, et sont nommés dans l'extrait baptistaire d'Emmanuel, leur fils aîné, du 16 juillet 1728. Il constitua, le 30 juin 1731, une aumône dotale de 3,000 livres, au grand parloir des religieuses Carmélites de Limoges, à sa fille du premier lit Renée de David (reçu Masbaret, notaire à Limoges); assista, le 17 juin 1744, au mariage de François de David, son fils aîné; testa le 7 juin 1747; mourut le 13 avril 1750 au château de Lastours, et fut enterré le lendemain dans la chapelle du prieuré des Croix au tombeau de ses ancêtres.

Il laissa de son premier mariage :

1° François de David, qui suit;

2° Renée de David, religieuse Carmélite à Limoges;

3° Marguerite de David, religieuse aux Filles-de-Notre-Dame de Saint-Léonard;

4° Léonarde, légataire de son père pour une somme de 3,000 livres, institua, par testament du 24 avril 1760, sa sœur Jeanne de David de Joffrenie son héritière universelle, et légua à sa nièce et filleule Marie-Léonarde la somme de 1,000 livres ;

5° Jeanne de David, qui épousa, par contrat du 12 février 1736, avec constitution de 5,500 livres, messire Jacques Bourgeois, chevalier, Sgr du Borderin, fils aîné de messire Jean Bourgeois, chevalier, Sgr de Joffrenie, et fit donation de tous ses biens, soit de son chef, soit comme héritière de Léonarde sa sœur, à Françoise de Berny, par acte du 25 janvier 1761 ;

6° Autre Renée de David, légataire de son père pour une somme de 3,000 livres, fit, le 1er octobre 1754, donation de tous ses droits à Françoise de Berny, relicte de feu messire François de David, vivant chevalier et baron des Etangs, son frère, avec reversibilité, après son décès, à Charles de David, fils aîné de cette dernière, reçu de Verneilh, notaire à Nexon.

De son second mariage il eut :

1° Emmanuel de David, chevalier, Sgr de Vantaux, Masdeloup et Chanteloube, l'un des deux cents chevau-légers de la garde du roi, capitaine de cavalerie, chevalier de Saint-Louis, né le 18 juillet 1728, baptisé le même jour en l'église de Nexon, a épousé, le 9 août 1757, avec dispenses accordées par sentences de fulmination du 3 août précédent, dans l'église de Rilhac-Lastours, Catherine de David, sa parente, fille de Jean-Charles de David, chevalier, comte de Lastours, marquis de La Douze, premier baron du Limousin, chevalier de Saint-Louis, et d'Anne de Latour-Saint-Privat. Il naquit de ce mariage deux filles : 1° Marie-Anne-Françoise de David, née le 2 juillet 1770, admise à Saint-Cyr le 1er juillet 1780, et 2° Anne de David, mariée à....., Sgr de Belleville ;

2° Autre Emmanuel de David, légataire de son père le 7 juin 1747, mort célibataire ;

3° Marguerite de David, légataire de son père, qui épousa le Sgr des Roches de Texon, l'un des deux cents gendarmes de la garde du roi, et chevalier de Saint-Louis ;

4° Autre Marguerite de David, aussi légataire de son père, qui épousa, en 1762, messire Jean, marquis de Sanzillon, chevalier, Sgr de Joffrenie, l'un des deux cents gendarmes de la garde du roi, chevalier de Saint-Louis.

XIV. — François de David, chevalier, seigneur baron des Etangs, Sgr de Montbessier, Raymondie et autres lieux, naquit le 7 mars 1715, et fut baptisé le lendemain dans l'église de Nexon ; fut capitaine au régiment de Toulouse-infanterie, et épousa, par contrat du 17 juin 1744, Marie-Anne-Françoise de Berny, fille de messire Pierre de Berny, écuyer, conseiller du roi, et de Valérie de Berchenin de Morinas, et nommé avec elle dans l'extrait de baptême de leur fils aîné du 4 avril 1746 ; reçut, le 9 mai 1746, quittance d'une somme de 3,000 livres au parloir des dames Carmélites de Limoges, dot de sa sœur Renée de David (reçu Bordes, notaire à Limoges) ; consentit, par-devant Parelon, notaire à Saint-Léonard, une reconnaissance de constitution de 150 livres de rente au capital de 3,000 livres en faveur de dame Antoinette de Guitard de Villejoubert, supérieure des filles de Notre-Dame, où sa sœur Marguerite était religieuse. Il fut institué héritier universel de son père le 7 juin 1747, reçut une quittance le 16 octobre 1751, et fit son testament le 6 mai 1753.

Il laissa de son mariage :

1° Charles de David, qui suit ;

2° Pierre-François de David, chevalier des Etangs, légataire de son père le 6 mai 1753; il testa lui-même le 24 août 1808;

3° Marie-Jeanne, légataire de son père;

4° Marie-Léonarde, légataire de son père et de sa tante Léonarde de David, et religieuse au couvent de Notre-Dame de Ligueux.

XV. — Charles de David, baron des Etangs, chevalier, Sgr de Bussière-Galand, Montbeyssier, Raymondie et autres places, l'un des deux cents gendarmes de la garde ordinaire du roi, capitaine de cavalerie, chevalier de l'ordre de Saint-Louis, naquit le 4 avril 1746, et fut baptisé le même jour dans l'église de Nexon; obtint, le 29 mai 1772, un arrêt du parlement de Guienne dans lequel il est qualifié écuyer, chevalier baron des Etangs; reçut avec les mêmes qualifications, le 30 mars 1774, quittance de la somme de 3,375 livres de Marie-Aimée de La Marthonie, dame abbesse de l'abbaye royale de Ligueux, de Jeanne de Lubersac, prieure, Gabrielle du Chatenet et Jeanne d'Hamelin de Rochemorin, religieuses, pour paiement de l'aumône dotale de Léonarde de David, sa sœur, constituée par contrat de profession du 10 septembre 1771, reçu Dupuy, notaire.

Il épousa, par contrat du 11 août 1774, demoiselle Marguerite de Touzac, fille d'Antoine-Etienne de Touzac de Saint-Étienne, écuyer, Sgr de la baronnie de Royères, Trasfont, Laleu et autres lieux, et de dame Elisabeth de Guillaume de Rochebrune; prit part aux diverses séances et délibérations de l'ordre de la noblesse aux états généraux de 1789; faisait partie de la première compagnie noble d'ordonnance de la garde de S. M. très-chrétienne le 4 septembre 1792, jour où il lui fut délivré par le vicomte de Wargemont, chef de la première brigade, en qualité d'adjoint au fourrier-major, un passeport pour se rendre du cantonnement de Keiching à Luxembourg pour le service du roi; passa en Angleterre après le licenciement de l'armée de Condé, et, à sa rentrée en France, fut remis en possession du peu de ses biens qui n'avaient point été nationalement vendus. Maire de Nexon sous la Restauration, il y mourut le 12 avril 1835, âgé de quatre-vingt-neuf ans et huit jours, laissant de son mariage :

1° Antoine-Etienne de David, qui suit.

2° Marie-Elisabeth-Françoise de David, née le 12 octobre 1777, reçue à Saint-Cyr en 1787, et mariée à Louis Duléry de Peyramont, chevalier de Saint-Louis.

3° Léonard-Jean-Baptiste de David, chevalier des Etangs, né le 13 mars 1779, et baptisé le même jour dans l'église de Nexon, fut admis, en 1789, à l'école militaire de Pont-le-Voy. Pendant la tourmente révolutionnaire, il fut rejoindre son père à Londres, et, rentré à la Restauration, il fut nommé directeur des postes à Caen, où, de son mariage avec Calixte Léchaudé d'Anisy, il eut : 1° Henriette-Marie-Caroline de David, née le ..... 1829, mariée en 1860 à Bernardin de Léonard de Rampan; 2° Alix de David, née le ..... 1831; 3° Antoinette-Marie, née en 1832, mariée en 1858 à Charles-Maximilien-Alexandre Guérould d'Huberville.

4° Pierre-François de David, chevalier des Etangs, né le 13 janvier 1781, et baptisé le lendemain dans l'église de Nexon, entré au service en 1805 dans le 18e régiment de dragons, fit, comme officier dans le régiment de La Tour d'Auvergne et aide de camp du général César Berthier, les campagnes de 1806, 1807 et 1808 en Calabre, Basilicate et Corfou, et, comme capitaine effectif, celles de 1809 à 1814 dans le royaume de Naples et la Haute-Italie. Cité deux fois à l'ordre du jour de l'armée, il fut nommé chevalier de la Légion-d'Honneur le 3 décembre 1813, eut le bras droit cassé d'un coup de feu à la prise de Parme le 2 mars 1814. Chef de bataillon au 10e de ligne le 20 janvier 1815, il fut nommé officier de la Légion-d'Honneur le 18 mars, et se trouvait le 5 avril à Valence (Drôme) avec le duc d'Angoulême, auquel il resta fidèle, et des mains duquel il reçut la croix de chevalier de Saint-Louis. Rayé des contrôles de son régiment à Perpignan le 9 juin, il fut replacé le 15 novembre suivant, avec le grade de chef de bataillon, au 4ᵉ régiment de la garde royale. Promu lieutenant-colonel le 21 février 1816, il organisa en cette qualité la légion de la Haute-Garonne, fit comme colonel du 33ᵉ de ligne la campagne d'Espagne, à la suite de laquelle il reçut la croix de chevalier de l'ordre de Saint-Ferdinand d'Espagne, et se trouvait en garnison à Thionville lorsque survint la révolution de juillet 1830. Alors, pour ne pas prêter un nouveau serment, il rentra dans la vie privée le 21 août même année. Il avait épousé, par contrat de mariage du 24 février 1827, reçu Pugens, notaire à Toulouse, Marie-Elisabeth-Amélie de Secondat, fille de feu Godefroi de Secondat, baron de Roquefort, capitaine commandant au régiment royal Picardie-cavalerie et chevalier de l'ordre de Saint-Louis, et de Marie-Bernardine de Lamyre ; décéda sans postérité, en son château du Puy-Mathieu, paroisse du Vigen (Haute-Vienne), le 18 septembre 1853, et fut inhumé le lendemain à Nexon, selon ses dernières volontés.

5° Michel-Etienne de David des Etangs, né le 8 septembre 1782, baptisé le même jour en l'église de Nexon, lieutenant des grenadiers royaux, est décédé le 18 juin 1836. Il avait épousé, le 2 mars 1815, par contrat de mariage honoré des signatures de LL. AA. RR. le duc et la duchesse d'Angoulême, Elisabeth-Lucie-Amélie d'Abzac, fille de messire Hyacinthe d'Abzac de Sarazac et de Jeanne-Marie-Geneviève de Moneron du Couret. De ce mariage naquirent trois filles, dont deux mortes jeunes, et Marie-Lucie-Caroline de David des Etangs, née le 14 décembre 1815, qui a épousé, en 1835, Louis-Etienne-Arthur du Breuil-Hélion, vicomte de La Guéronnière, sénateur et commandeur de l'ordre de la Légion-d'Honneur.

6° Marguerite-Adélaïde-Constance de David des Etangs, née le 5 décembre 1783, décédée le 17 août 1860 à Vichy (Allier), d'où son corps a été transporté et inhumé à Nexon.

7° Marie-Anne-Catherine-Agathe de David des Etangs.

8° Pierre-Jean-Baptiste-Justin de David des Etangs, décédé célibataire.

XVI. — Antoine-Etienne de David, baron des Etangs, né le 24 septembre 1776, et baptisé le lendemain dans l'église de Saint-Pierre-du-Queyroix de la ville de Limoges, fut admis en 1787 à l'école militaire de Pont-le-Voy. Arrêté en 1792 comme soupçonné d'avoir écrit la copie d'une parodie de *la Marseillaise*, il fut conduit de brigade en brigade jusqu'à Paris, et incarcéré à la Conciergerie pour être jugé par le tribunal révolutionnaire. Son extrême jeunesse le sauva sans doute, et le 9 thermidor le rendit à la liberté. Après avoir servi quelques années en Vendée sous les ordres de Coster-Saint-Victor et Lechandelier de Pierreville, il fut arrêté de nouveau, et conduit dans les prisons de Vitré, d'où il parvint à s'évader, et fut rejoindre son père à Londres, où il épousa, le 23 avril 1807, Marie-Rosalie-Joséphine Calerast, fille de messire Henry Fox Calerast, alors colonel au service de la compagnie des Indes orientales dans le Bengale, depuis major général au service de Sa Majesté Britannique, représenté par messire Joseph-Roger de Verduzan, marquis de Miran, lieutenant général des armées du roi de France, et de Marie Owen. La bénédiction nuptiale leur fut donnée dans la chapelle catholique française de King-Street, Portmann-Square, par Mgr Philippe-François d'Albignac, évêque d'Angoulême, en présence de messire Jean-Baptiste-Feréréol Hébrard de Veyrinas, Pierre-Charles-Jacques de Martin, baron de Nantiat, lieutenant-colonel d'infanterie, témoin de l'époux ; Louis d'Aiguillon, maréchal de camp, et Louis-Gabriel, chevalier d'Artez, colonel de dragons, témoins de l'épouse.

Rentré en France avec les princes, il fut, le 19 septembre 1814, nommé sous-préfet de Villeneuve-sur-Lot ; mais ayant, pendant les Cent-Jours, maintenu le drapeau blanc en cette ville, il fut obligé de passer en Espagne, s'embarqua à Bilbao pour Londres, où il fut assez heureux pour annoncer le premier à la duchesse d'Angoulême la délivrance du duc son époux.

Ayant repris son poste après les Cent-Jours, il le conserva jusqu'à la révolution de 1830, époque à laquelle il donna sa démission, et rentra dans la vie privée.

Il assista aux mariages de son frère le colonel le 24 février 1827 et de ses quatre enfants, fit son testament olographe le 25 janvier 1837, y ajouta un codicille le 20 août 1846, et mourut à Villeneuve-sur-Lot le 24 octobre 1850. Ses enfants furent :

1° Charles-Prosper de David, qui suit ;

2° Emma-Louise-Marguerite de David, née à Londres le 5 avril 1808, mariée, le 19 décembre 1836, à Godefroi-Gratien de Secondat, baron de Roquefort ;

3° Pauline-Marie-Jeanne-Françoise de David, née à Londres le 11 juin 1809, mariée, le 14 février 1828, à Maurice de Poumeyrie, décédée à Libourne le 20 octobre 1851 ;

4° Cécilia-Henriette-Elisabeth, née à Londres le 7 février 1811, mariée, le 17 janvier 1837, à Charles de Laval, décédée le 29 septembre même année ;

5° Charles-Henri de David, né à Villeneuve-sur-Lot (Lot-et-Garonne) le 4 avril 1815, décédé le 6 août même année.

XVII. — Charles-Prosper de David, baron des Etangs, né à Villeneuve-sur-Lot le 24 juin 1817, épousa, le 23 juillet 1846, au château de Guran près Bagnères-de-Luchon, qui depuis lors est devenu sa résidence, Jeanne-Françoise-Marie-Joseph-Angéline de Binos-Guran, fille de messire Marie-Anne de Binos, baron de Guran, et de Caroline de Lamaguère.

De ce mariage sont issus :

1° Raoul-Antoine-Charles-Jean-Henri-Bernard de David des Etangs, né le 27 avril 1847 ;

2° Marie-Thérèse-Louise-Françoise-Joséphine de David des Etangs, née le 31 mai 1850 ;

3° Jean-François-Fernand-Constant-Bernard de David des Etangs, né le 17 mai 1851 ;

4° Marc-Bernard-Joseph-Henri de David des Etangs, né le 6 mars 1853.

Sources : Titres originaux, cotés, signés et paraphés des mains de Chério et d'Hozier. — Preuves de cour déposées au cabinet généalogique de la Bibliothèque impériale. — Notes manuscrites de l'abbé Le Laboureur. — Manuscrits du fonds de M. de Gaignères, intitulés *Titres du Limousin*, et conservés à la même bibliothèque. — Archives de l'empire, des départements de la Haute-Vienne et des Basses-Pyrénées, des anciens parlements de Guienne, Navarre et Languedoc. — *Gallia christiana nova*, T. II, p. 51.

R.-P.

LIMOGES. — IMPRIMERIE DE CHAPOULAUD FRÈRES,
Rue Montant-Manigne, 7.